ARLEQUIN
TOUT SEUL,
COMÉDIE-MONOLOGUE
EN PROSE ET VAUDEVILLES.

Par EMMANUEL DUPATY.

Représentée, pour la première fois, sur le Théâtre du Vaudeville, le 14 frimaire, an 7.

Prix, 1 Franc 50 centim. avec figure et des Airs notés.

A PARIS,

Chez le Libraire au Th. du Vaudeville, rue de Malthe;
Et à son Imprimerie, rue des Droits-de-l'Homme, N°. 44.

An VII.
Les Exemplaires ont été fournis à la Bibliothèque nationale.

A . . . . .

L'ON doit à *Piron* un ouvrage intitulé *Arlequin Deucalion*, pantomime en trois actes, dans laquelle parmi plusieurs personnages de convention, tels que *Thalie*, *Melpomène*, *Apollon*, le *cheval Pégase*, &c... *Arlequin*, un *Perroquet* et *Polichinel*, sont les seuls acteurs qu'il ait doués de la parole. Son Arlequin est plein de traits, de verve, de saillies; Polichinel est charmant; le Perroquet même a de l'esprit, sans répéter ce que disent les autres. Tout le monde connaît l'admirable scène de *Pigmalion*. Mais ces deux ouvrages où les personnages ne sont pas tout-à-fait *seuls*, ne portent nullement les caractères d'une comédie, qui sont une action, un nœud et un dénouement. Bien imprudemment peut-être j'ai risqué d'isoler absolument mon acteur, de lui donner une légère intrigue à conduire; et pour mériter au moins un pardon de la part de ceux qui vous connaissent; c'est à vous, dont le suffrage *seul* serait presque *tout* pour moi, que je m'empresse d'offrir ce léger essai, qui, malgré le prix que quelques personnes veulent bien attacher aux choses de première invention, me paraît cependant si faible, dépouillé du jeu charmant de l'acteur aimable qui en a fait, même à mes yeux, tout le succès et presque tout le mérite, que je dois bien regretter que l'impression n'ait pu rendre et noter, à côté des paroles, la grace de mon Arlequin.

Ce petit ouvrage serait alors un cadeau précieux : ce nouveau genre d'intérêt m'assurerait des lecteurs; de votre part, j'en suis sûr, un peu de reconnaissance, et couvrirait bien des défauts, sur lesquels on a passé, tout au plus, par justice pour la perfection du jeu, et par indulgence, pour la singularité de l'entreprise.

En effet, il existe au Théâtre une grande prévention contre tout ce que l'on appelle monologue; et tant de gens sont réduits à s'ennuyer dès qu'ils sont tout seuls, que l'on a pris l'habitude de penser qu'il est impossible de recevoir long-tems une impression agréable de la part de celui qui, en le jugeant d'après soi, ne doit naturellement en éprouver aucune. Ces personnes-là ne sont pas, il est vrai, du nombre de celles qui savent aimer ou réfléchir; mais il serait fou, sur-tout aujourd'hui, d'espérer pouvoir remplir une salle, de gens de cette dernière sorte; et risquer devant mille gens qui s'ennuient souvent d'eux-mêmes, un monologue de trois quarts d'heure, eût été vraiment imprudent, si je n'eusse deviné d'avance combien l'intelligence et le talent de l'acteur en rompraient la monotonie.

Quant au monologue en lui-même, loin de partager, peut-être à tort, la prévention presque générale, et souvent peu réfléchie; je crois que l'intérêt que l'on peut y répandre doit, comme dans toute autre scène, suffire pour le soutenir et le prolonger. L'on ne s'apperçoit pas toujours que, dans une comédie, c'est l'action qui nous attache plus encore que les personnages. Et qu'importent les moyens dont on se sert pour soutenir le fil d'une intrigue; qu'importe le nombre des acteurs qui le conduisent, pourvu qu'on ne le laisse ni se perdre ni se rompre, et qu'il soit assez fort pour supporter un nombre d'ornemens, assez variés pour donner le desir de le suivre jusqu'au bout.

Quelques amateurs routiniers des anciennes méthodes n'ont cependant pas manqué de censurer pour le fond cette légère innovation sans conséquence, et de taxer de prétention le développement d'une idée fondée sur un principe; mais on peut leur observer, pour s'excuser, que le voyageur qui, chemin faisant, cherche à mettre à profit le voyage, et ne se met en route que lorsque les grands chemins sont devenus arides à force d'être battus, n'a plus d'autres ressources, que de se frayer ou chercher, un peu de côté, quelques-uns de ces petits sentiers qui s'en éloignent à la vérité, mais suivent la même direction, y ramènent, et sur les bords desquels on conserve au moins l'espoir de trouver encore quelques fleurs.

D'ailleurs, en suivant pas à pas la route que nous ont tracée les grands maîtres, nous rencontrerons à chaque pas des chef-d'œuvres. Il est assez justement reconnu que nous ne sommes à présent, pour la plupart, que de faibles écoliers; et traîner servilement sa médiocrité parmi des chef-d'œuvres est, je crois, le cachet de la médiocrité. Sans avoir de grands talens, chacun a pourtant le desir de paraître : et plus d'une grenouille, sans se donner même la peine de s'enfler, se croit aussi grosse que le bœuf : ce n'est que de la vanité, de la folie; mais le nain, qui voulant se montrer malgré sa petite taille, irait directement se placer derrière un géant, joindrait, à

PERSONNAGE.	ARTISTE.
ARLEQUIN, maître de musique.	Delaporte.

La Scène est à Bergame.

COUPLET D'ANNONCE.

AIR: *Vaudeville d'Arlequin afficheur.*

Arlequin *tout seul*, aujourd'hui,
S'offrant *seul* en votre présence;
N'ayant que vous *seuls* pour appui,
Compte sur la *seule* indulgence.
Puissiez-vous au gré d'*un* auteur,
Eloignant, ce soir, la critique,
Par bonté, dans *un seul* acteur,
   Voir un acteur *unique!*

petit dieu qui fila, fila, fait filer les billets doux.

Em. D... del.

J'en ai fait Rose Blanche.

ARLEQUIN
TOUT SEUL,
COMÉDIE-MONOLOGUE
EN PROSE ET VAUDEVILLES.

Le Théâtre représente un jardin fermé de murs de tous côtés ; à gauche, un puits commun à la maison de M. Cassandre ; dans le fond, par-dessus le mur, on voit une porte cochère, à laquelle est suspendue une enseigne, sur laquelle on lit : Cassandre, pâtissier-traiteur-restaurateur ; à droite, la maison d'Arlequin. Sous un perron, dont la porte ouvre dans la coulisse, est le logement d'Arlequin ; Gilles occupe le premier étage et le grenier. On voit dans le jardin une échelle double d'espalier. A côté du logement d'Arlequin, des escabelles, une table, etc. Dans

ARLEQUIN

l'intérieur de son cabinet, des instrumens de musique. Au lever de la toile, un grand écriteau se trouve affiché à côté de la porte du cabinet, sur le pilier du perron. L'orchestre finit l'ouverture par l'air : Chantez, dansez, amusez-vous. *Il continue au lever de la toile, pour donner au public le tems de lire ou de chanter l'affiche ainsi conçue :*

Marché conclu entre Arlequin, maître de musique, et Gilles, vivant de son bien.

ARTICLE PREMIER.

AIR : *Chantez, dansez.*

Si le bergamasque Arlequin
S'éloignait de cette demeure,
Depuis midi, lundi matin,
Jusques à mardi, pareille heure,
Il paîrait à Gilles, comptant,
Cinquante écus de bon argent.

ART. II.

S'il ne sort pas, Gilles paiera
Ladite somme toute entière.

ART. III.

Ledit Gilles tout ce tems-là
Pour oira son dit adversaire

De tout ce qu'il desirera.
Passé devant.... et cœtera....
Pour copie conforme à l'original. GRAPIN, Notaire.

***

ARLEQUIN *paraît dans son cabinet.*

LE jour est levé depuis long-tems, mon amour aussi, mon appétit commence.... Songeons à mon déjeûner, à mon amour... (*Il sort, portant une tourtière et un rouleau de musique, et arrive devant l'affiche.*)

Halte! Réclus depuis hier midi, pour jusqu'à aujourd'hui midi, j'ai pourtant fait un joli trait d'esprit, de commencer par afficher là mon marché. Si je ne l'avais sous les yeux, je suis sûr que je reporterais moi-même cette tourtière, de mon souper d'hier au soir, chez le voisin Cassandre, notre restaurateur, et je perdrais mes 50 écus.... C'est qu'il n'y a pas moyen de revenir là-dessus, ce n'est pas comme un contrat de mariage... (*Il pose la tourtière, et considère son affiche.*) Passé par-devant... C'est gentil, un marché comme ça.

AIR : *De la Meûnière.*

Nous fîmes ce marché plaisant
Pardevant notaire ;

> Pourtant quand je dis pardevant,
> C'était par derrière...

Sans doute, il était là, devant nous, à son bureau...

> Ainsi, selon que l'on s'y prend,
> Certain contrat, le plus souvent,
> Se trouve en-arrière,
> Passé pardevant.

Il est venu drôlement, ce marché-là... Je parlais des avantages de la solitude, parce que j'étais loin de ma bien-aimée.... Là-dessus il me propose, article premier, de parier 50 écus que je ne passerai seulement pas vingt-quatre heures sans sortir de la maison.... Parier 50 écus, et vingt-quatre heures de plaisir avec, contre 50 écus tout seuls!... c'est beaucoup; mais il ne se présente pas tous les jours une occasion de faire fortune légitimement, quoique l'on voye tous les jours des enrichis.... D'ailleurs, il me manque 50 écus pour avoir la somme que M. Cassandre exige de celui qui se présentera pour être son gendre.... Voilà un motif pour accepter le pari.... J'accepte!.... Mais Gilles, pour le proposer, a-t-il une raison!... Instruit, par hasard, de mon attachement pour la demoiselle de M. Cassandre, croit-il qu'il me soit impossible de passer ainsi vingt-quatre heures?... Ah! détrompez-vous, mon ami Gilles....

AIR *nouveau du* C. DELAPORTE.

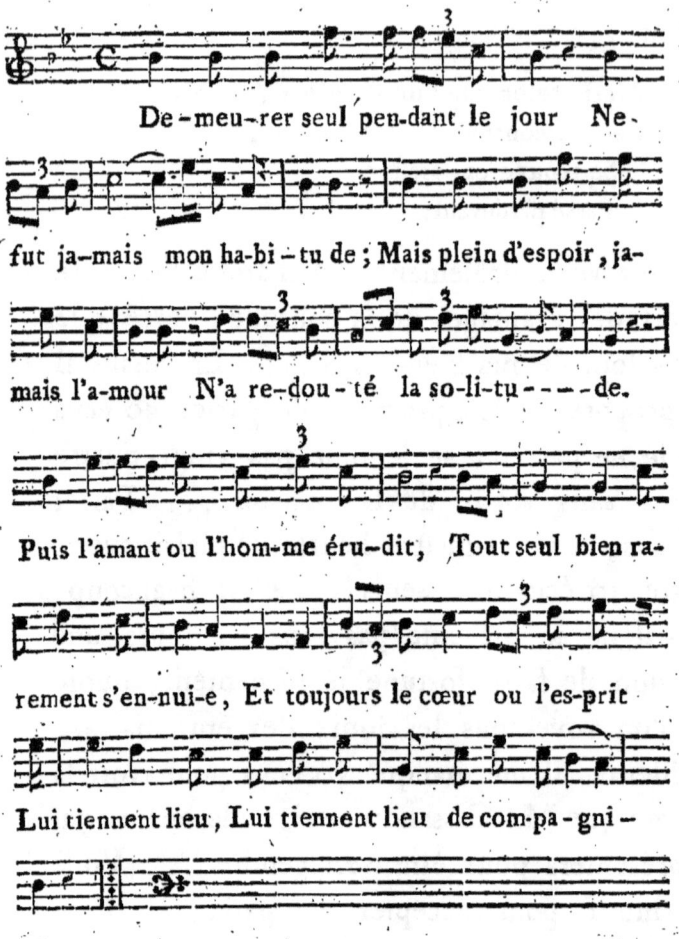

De-meu-rer seul pen-dant le jour Ne-fut ja-mais mon ha-bi-tu-de ; Mais plein d'espoir, ja-mais l'a-mour N'a re-dou-té la so-li-tu----de. Puis l'amant ou l'hom-me éru-dit, Tout seul bien ra-rement s'en-nui-e, Et toujours le cœur ou l'es-prit Lui tiennent lieu, Lui tiennent lieu de com-pa-gni-e.

Par le plus tendre sentiment,
L'ame secrètement troublée,

L'on se trouve seul bien souvent
Dans la plus nombreuse assemblée.
Mais hélas ! privé de la voir,
Seul, mais rêvant à son amie,
Entre le désir et l'espoir,
On est toujours en compagnie.

Vingt-quatre heures séparé de tout ce qu'on aime, c'est pourtant passer en un jour bien des mauvais quarts-d'heure. Mais, patience.... Le mur est commun aux deux jardins.... Ma bonne amie, pour arroser ses fleurs, vient souvent tirer de l'eau à ce puits, qui est commun aussi.... Nous pouvons établir nos communications par-dessus le mur; ensuite par cette petite porte : elle est condamnée; mais le cœur, l'esprit, la voix, l'amour, tout cela passe par de si petits trous !.... Oh ! nous causerons... (*Il prend la tourtière, et monte à la porte du perron.*) Gilles.... voisin Gilles, voisin... (*La porte s'ouvre sur le public, de façon que l'on ne peut voir Gilles, qui se trouve derrière.*) Eh bien ! quel air sinistre ! pas un petit bon jour ? Est-ce que vous êtes muet, aujourd'hui ?... (*Il lui donne le rouleau de musique.*) Voilà d'abord la musique, en *pot-pourri*, que vous m'avez demandé, pour la sérénade que vous prétendez donner à cette nouvelle maîtresse, dont vous me cachez le nom.... Mais c'est égal, tout se découvre...

vre... Ensuite, voici la tourtière, que vous allez reporter tout de suite à mademoiselle Cassandre... Attendez donc. Commandez-moi un grand pâté de macaroni, pour avant midi.... Bien grand... entendez-vous ? Je ne veux pas sortir à jeûn... Et puis, rappellez-lui tout ce que j'ai demandé pour mon goûter de ce soir.

AIR : *Courons de la brune à la blonde.*

Feuillantines, tartelettes,
Puits d'amours et massepins,
Croquignoles, gimbelettes,
Pêts de nones, biscotins,
Choux, croquets, tartes bien faites,
Du plaisir, jamais d'oubli s;
Qu'elle y joigne, si bon lui semble,
Petits pâtés chauds fournis,
   Garnis
   D'annis;
Pour le prix,
Bien pétris,
Bien nourris,
Faits au riz,
Ou farcis.
Point roussis
Ni rassis,
Et bien cuits,
Tous petits,
Mais gentils !...
A croquer tous ensemble.

B

Allez, vous retiendrez bien..... Il ne répond que de la tête.... Malhonnête!... (*Gilles tire la porte, et ferme avec la clef.*) Ne fermez donc pas si fort ; je n'ai pas envie de sortir... (*Il descend.*)

Ma bonne amie va recevoir de mes nouvelles. Je suis loin de me fier à Gilles ; et comme il est assez méchant pour cacher la cause de mon absence, j'envoye par lui, sans qu'il s'en doute, dans le fond de la tourtière, une seconde copie de mon traité, et mes excuses. Mais si j'avais l'esprit de profiter de l'esprit que j'ai eu pour sa sérénade, je pourrais, afin de prévenir ma bonne amie que je suis là, fredonner un de ces petits airs, sans paroles, qui disent quelque chose ; ce qui vaudrait bien tant de paroles, sans musique, qui ne disent rien... Elle sait tous les airs, elle me comprendra. Voyons l'air, *Je t'aime tant*. (*Il fredonne l'air. On entend sonner à la porte, que l'on voit dans le fond. Il cesse de chanter.*). L'on sonne : ah ! c'est Gilles qui entre... Allons, patience !... Pendant qu'elle va lire, me voilà encore réduit à nourrir mon amour d'illusion.... Heureusement, je puis, en attendant, souhaiter à son portrait le petit bon jour du matin... Un portrait, pour un amant, c'est presque la moitié

TOUT SEUL.

d'une personne ! (*Il tire une feuille de papier pliée.*) Il est charmant, celui-ci : je l'ai escamoté avec tant d'adresse, à la silhouette, contre le mur de la cuisine, à la lueur du four, pendant qu'elle tirait les petits pâtés de mon souper.... Comme elle s'appelle *Blanche*, j'ai eu l'attention délicate de mettre le noir en-dehors; comment aurai-je pu la peindre en noir?....

AIR : *De Joconde.*

Elle a par-tout de la blancheur,
   Par-tout je la vois blanche;
Tout en elle est blanc, et son cœur
   Répond au nom de Blanche.
Pourtant souvent vive couleur,
   Sur son teint se repose,
Même encore alors sa blancheur
   Le dispute à la rose.

L'un voudrait la surnommer Lys;
   Pour Rose un autre penche;
Moi, qui suis de tous les avis,
   J'en ai fait Rose-Blanche.

(*Il déroule le portrait, qui représente une silhouette blanche sur un fond noir, s'assied auprès de lui, et le considère.*)

Un fond noir.... Cela fait bien ressortir une figure.... Aussi, comme mon visage fera un joli effet à côté du sien !... C'est comme une mouche que tu te mettras sur la joue, sur les yeux, par-tout, pour faire valoir!... Oh, ma bonne amie, c'est étonnant tout ce que je ferai valoir une fois que j'aurai le bonheur d'être en pied dans tes bonnes graces ; aussi je ne saurais vraiment trop me féliciter d'avoir une maîtresse semblable à vous. Tout le monde en parle ; j'en parle à tout le monde, et je trouve encore que ce n'est pas en parler assez, puisque j'en parle même quand je suis tout seul.... Oui, ma chère maitresse, tu es toujours le sujet de mes conversations avec moi-même, et ces conversations-là sont celles qui me plaisent le plus ; car il y a toujours là... ou là... enfin de la tête aux pieds, c'est toujours dans le cœur ; car, tenez, bonne amie, quand on aime bien, oh oui, je sens que le cœur est vraiment par-tout.

AIR : *Trouver le bonheur en famille.*

Je le crois au bout de mes doigts
Lorsqu'à tes doux attraits je touche ;
Dans mes yeux, lorsque je te vois,
Quand je t'embrasse sur ma bouche,
Dans mes gestes pour t'exprimer,
Tendre prière, heureux délire,
Dans tout mon être pour t'aimer,
Dans mon esprit pour te le dire.

Pourtant au même endroit, dit-on,
Porter le cœur est chose rare.
Un lâche ne l'a qu'au talon,

Et dans sa cassette un avare:
Pour l'ivrogne il est dans le vin,
Et dans les sens pour une bête;
Bien peu d'amis l'ont sur la main,
Beaucoup d'amans l'ont dans la tête.

(*On entend du bruit dans la maison.*)

Chut... Gilles est de retour... (*On entend remuer la poulie du puits, du côté de M. Cassandre.*) L'on tire de l'eau : si c'était... Appellerai-je? Non..... C'est peut-être le père... Comment savoir... (*Il s'approche doucement, et placé de côté regarde dans le puits.*)

AIR : *La garde passe.*

Approchons-nous tout doucement,
Guettons dans l'eau l'heureux moment ;
Je ne vois rien.....Chut....Un instant!
Comme l'eau s'agite et se trouble !
J'y vois, je crois; mais j'y vois double ;
  L'eau pourtant s'applanit,
  L'image revient.....Elle fuit ;
En vain mon œil par-tout la suit.
    Ah ! fort bien,
    Je la tien,
    Hélas rien !...
  L'eau n'est plus de niveau,
Les traits se mêlent ; quel dommage,
De ne pouvoir tirer l'image
  En tirant aussi de l'eau.

AIR : *Ton attente sera remplie.*

Mais dans ma tête ce me semble,

12 ARLEQUIN

Je puis, par un léger travail,
Si je n'ai tous les traits ensemble,
Avoir sa figure en détail....
Sur ce flot-là, bouche mignonne;
Sur celui-là, joli menton;
Puis sous le cou de la personne
Serait-ce un flot que je vois rond?

Non, ce n'est pas un flot !... Mais en rassemblant tous ces traits séparés........ L'on dirait...... Je crois..... Oui...... c'est elle,.. Appellons... st., st., st.; elle me reconnaît... Elle tourne la tête.... Le père serait-il dans le jardin?... Ne nous déconcertons pas....

AIR : *Je brûle de voir ce château.*

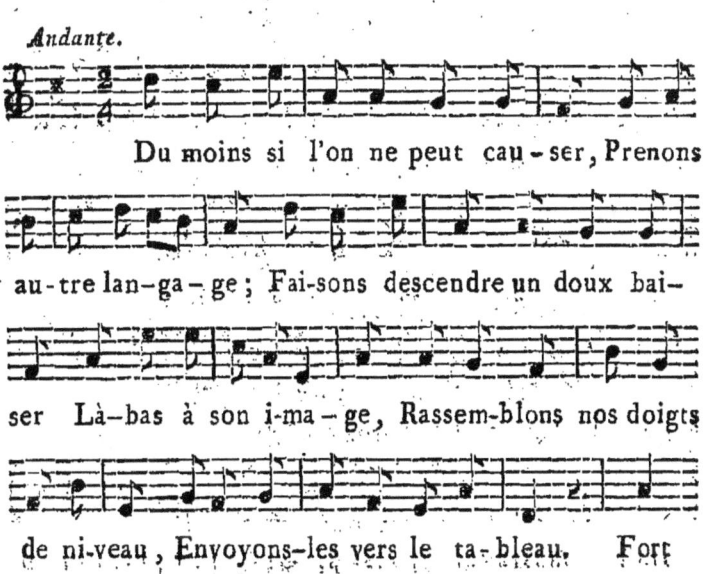

Du moins si l'on ne peut cau-ser, Prenons au-tre lan-ga-ge; Fai-sons descendre un doux bai-ser Là-bas à son i-ma-ge, Rassem-blons nos doigts de ni-veau, Envoyons-les vers le ta-bleau. Fort

bien. L'on croi-rait voir dans l'eau Que ma main à sa lè-vre tou-che. L'eau dé-jà m'en vient à la bou-che, L'eau déjà m'en vient à la bou-che.

Eh bien, qu'est-ce qu'elle suspend à son peloton de fil ?.... Bravo.... et vîte la boîte aux lettres au-devant de la dépêche. (*Il fait descendre un seau.*)

AIR: *Du haut en-bas.*

Du haut en-bas,
Ainsi tout sot devrait descendre,
Du haut en-bas ;
Son poids tout seul l'entraîne en-bas,
Sans peine, en voulant bien s'entendre,
Que de sots l'on ferait descendre,
Du haut en-bas.

Encore un peu, balançons; lâchez donc.... lâchez le fil,.... bien... lâchez le fil,.... eh quoi, adieu déjà !

Il n'y a plus que moi là-bas ; je n'ai rien à me dire. Amenons la correspondance. (*Il remonte le seau.*)

Même Air.

Du bas en haut,
Voilà sa lettre qui remonte,
Du bas en haut;
Le bonheur vient mieux que d'en haut,
Quand d'amour l'assistance est prompte;
Ainsi gloire, esprit, tout remonte
Du bas en haut.

Arrivez mon petit poulet aquatique....

(*Le volet de la fenêtre de Gilles s'ouvre sur le public, de manière que l'on ne peut le voir ; on entend sa clarinette. Arlequin pose le seau sur le bord du puits.*)

Qu'entends-je ? ce coquin de Gilles qui prélude. (*Gilles joue l'air : Je suis Lindor.*) Ah ! je suis Lindor !... (*Gilles joue l'air : Chouchoux, faire-moi ton époux.*) Ah ! chouchoux, faire-moi ton époux ? Si l'on a l'esprit de répondre, nous saurons à qui s'adresse.... (*On entend préluder la vielle de Blanche.*) Quoi ! la vielle de ma bonne amie.... Je la vois à sa fenêtre ; est-ce qu'elle prend la déclaration pour elle ? (*Blanche joue l'air : Attendez - moi sous l'orme.*) Ah !.... attendez - moi sous l'orme.... Jolie réponse pour celui qui n'a pas fait la question. (*Gilles joue l'air : Chantons l'hymen, chantons l'amour.*) Tiens, chantons l'hymen, chantons

Voilà bien là Gilles ; mais est-ce que je n'aurai pas ma part de ce dialogue ?

AIR : *Chacun à son tour.*

Entendre causer de la sorte,
Fait désirer d'en faire autant ;
Puis dans un concert il importe
De changer d'accompagnement.
Mêlons nous-en, près de femme charmante,
Lorsqu'ensemble l'on fait l'amour,
Ou bien tour-à-tour
Il faut qu'on chante
Chacun à son tour.

(*Il prend une échelle d'espalier, la pose contre le volet qu'il referme, et court prendre sa flûte.*)

Vîte ma flûte. L'air : *Daigne écouter l'amant fidèle et tendre.* (*Il joue*). (Blanche joue l'air : *Je vous comprendrai toujours bien*) ; elle répond : Je vous comprendrai toujours bien.... Bon, puisqu'elle me comprendra, tâchons de savoir enfin si elle m'aime.... Essayons l'air : *Si le cœur vous en disait.* C'est pour un garçon honnête, une jolie question à faire à une demoiselle qui a des sentimens. (*Il joue.*)

(*Blanche joue l'air : Pour vous je vais me décider.*)

Ciel, pour vous je vais me décider !... En chanteur, vîte l'air : *Vous m'acceptez pour époux.* (*Il joue.*)

(*Gilles, à la lucarne du grenier, dont il pousse le volet, recommence à jouer l'air : Chantons l'hymen, chantons l'amour.*)

Tiens, l'autre au grenier qui recommence *Chantons l'hymen*... Il est tems. (*Blanche joue : Il faut ici de la prudence.*)

Qu'y a-t-il de nouveau ? *Il faut ici de la prudence.* Eh ! le papa Cassandre à sa fenêtre avec sa basse ; il aura entendu Gilles... Cachons-nous. (*Il rentre dans la chambre sous le perron. Cassandre joue l'air : Allez-vous-en, gens de la noce. Arlequin fredonne pendant ce tems :*)

Allez-vous-en, gens de la noce,
Allez-vous-en chacun chez vous.

Comme il appuie là-dessus !.... Ah ! ils se sont tous retirés. Il n'y a que moi qui ne peut pas me retirer. Aussi allons ma lettre. (*Il court prendre la lettre dans le seau, et déroule le fil.*)

Elle a donc mis tout le peloton. Ah ! (*Il lit.*) « Mon cher Arlequin, en réponse à l'hon-
» neur de la vôtre qui m'est venue dans la tour-
» tière. Oh, dans la tourtière !.... qui m'est
» venue dans la tourtière..... Je ne puis que
» vous approuver ; mais je vous préviens que
» Gilles, qui est amoureux de moi... » comment ! comment !... « ne vous a fait faire ce

» pari que pour vous éloigner, afin de pouvoir
» me parler de son amour, ainsi qu'à mon père.
» Vous connaissez mon père. Si vous ne venez
» plaider votre cause je crains bien... Aban-
» donnez tout, » etc. Le coquin! et m'avoir encore fait faire la sérénade!... Adieu le marché;
les cinquante écus ; adieu tout le monde....
(*Il détache le marché, qu'il jette dans la chambre, et monte à la porte du perron.*) Ciel! enfermé.... à double tour! Voyez la malice; oh!
j'échapperai!... (*Il prend l'échelle, qu'il pose
contre le mur à côté du puits.*)

AIR : *Nous sommes précepteurs d'amour.*

Ce chemin-là n'est pas trop sûr ;
Mais n'importe, vaille que vaille ;
Pour mettre Gille au pied du mur ,
Gagnons le haut de la muraille.

(*Prêt à monter, il entend du bruit à la petite
porte, et prête l'oreille.*)

J'entends, je crois, le papa Cassandre sous
le berceau ; il fait comme moi ; il cause tout
seul. Ecoutons le monologue du papa Cassandre.
Il s'est apperçu, depuis long-tems, de ma tendresse, et son intention est de me donner....
A qui souhaite-t-il le bon jour? A Gilles....
Que dit-il?... Oh, le traître. Le brave homme

que ce père.... Fripon de Gilles, tu peux mentir ainsi. Oh, sangodemi ! c'est trop fort.... Et M. Cassandre qui le croit.... Il le croit.... Oh, mon dieu ! c'est clair, il le croit !... Si je ne me montre pas, je suis perdu.... Vite un coup de théâtre superbe. (*Il monte à l'échelle, et se montre par-dessus le mur.*) Non, papa Cassandre : ne croyez pas ce que.... Non, vous dis-je, ne croyez pas... M. Cassandre ?... Où sont-ils, papa Cassandre ? Ils sont rentrés : sautons... Un moment.... C'est haut. Si j'allais me casser le cou ; je n'avancerais pas mon mariage. Bah, bah !.... Non, c'est trop haut....

AIR : *Réveillez-vous, belle endormie.*

Redescendons de peur d'esclandre :
Lorsque l'on craint de culbuter,
Heureux qui trouve pour descendre
Le chemin qu'il prit pour monter.

(*Il descend.*)

C'est prudent ce que je fais là. Il vaut mieux écrire à la fille ce qui s'est passé, afin qu'elle puisse désabuser le père.

L'encre, le papier, la plume. Voyons, je vais me dicter moi-même.... (*Il écrit.*) « Ma » chère bonne amie, je viens d'entendre un » dialogue de ton père et de mon rival. Gilles » demandait ta main. Ton père lui disait

» Je suis bien fâché; mais si-tôt qu'il aura de
» l'argent. »

AIR : *Tout roule aujourd'hui dans le monde.*

» Je veux l'admettre en ma famille.

» Gilles effrontément.

» Ignorez-vous qu'il est parti ?

» Là-dessus grande surprise de ton père, qui
» s'écrie de cet air que tu lui connais....

» Comment ?

» Gilles froidement.

» Avec une autre fille.

» Cassandre en colère....

» Et depuis quand ?

» Mon rival appuyant.

» Hier midi !

» Ton père avec douleur.

» Il oublia donc sa tendresse ?

» Gilles avec un ton sententieux.

» L'oubli n'est pas rare aujourd'hui.

» Cassandre. C'est une chose qui n'a pas
» d'exemple.

« Délaisser et fuir sa maitresse.

» Gilles avec une feinte indignation.

» Avant que d'être son mari !...

» Là-dessus Gilles fait sonner son argent. Ton
» père l'accepte pour gendre. Je veux paraître ;
» ils avaient fui.... Maintenant il faut gagner du
» tems.... Gilles m'a enfermé ; il faut l'enfermer
» à son tour... Ah ! comment l'enfermer ?....
» Remettez-lui mon pâté de macaroni ; je ne vous
» demande pas s'il est fait ; il doit être fait, et
» je sens d'ici le parmesan.... Gilles m'apporte
» mon pâté ; vous le faites suivre par vos garçons,
» que vous gagnerez. Ah ! comment vous les ga-
» gnerez ? promettez que je ne mangerai que la
» moitié, les trois quarts.. Mettez les trois quarts
» du pâté ; ils l'enfermeront en-dehors, moi par
» ici ; midi sonnera, et je serai libre... Plus d'ob-
» jections ; je me suis fait toutes vos réflexions ; je
» vous ai donné toutes mes réponses : c'est donc
» comme si nous avions causé. Oui.... Agissez
» donc tout de suite.... »

Mon nom en blanc.... et puis mon chiffre,
deux notes, une blanche, une noire à côté,
double accolade en-dessus et en-dessous, quelques soupirs autour : nous laisserons les demi-
soupirs aux amans du jour... L'adresse... le
pain enchanté... (*Il frappe avec sa batte.*) ET
LE CACHET... (*On entend la vielle.*)

Encore de la musique, une complainte, *quel désespoir!*... Blanche à sa mansarde... comment savoir.. Courons vîte établir une correspondance télégraphique. (*Il monte sur le perron.*)

AIR : *Le petit mot pour rire.*

Posons-nous là sur l'escalier ;
Quoique novice en ce métier,
  Par signe on peut s'instruire.
Les gens d'esprit et les amans
Comme les sots, de tems en tems,
    Ont le talent,
    En se parlant,
  De parler sans rien dire.

(*Il prend sa lettre, et par ses gestes imite les différentes positions du télégraphe.*)

AIR : *Du pas redoublé.*

Commençons par ce geste-ci
  Pour lui montrer ma lettre,
Puis par celui-là montrons-lui
  Qu'il faut la lui remettre ;
Elle répond par celui-là
  Pour me donner courage ;
Moi, pour répondre à tout cela,
  Montrons-lui que j'enrage.

Eh bien, pourquoi découvrir la maison ?

Même Air.

Bon, sur une ardoise elle écrit !...

Que me propose-t-elle ?

Jetez.

(*Il reçoit un peloton de corde blanche.*)

Bien. Dans ce paquet-ci
Peut-être est la nouvelle.

(*Il déroule, et ne trouve rien.*)

Rien... Mais qu'en faire ? un grand cordon;
Je n'y puis rien comprendre;
Je ne vois point, moi, de raison
Dans tout ça pour me pendre !

Que veux-t-elle que je fasse de tous les cordons de ses rideaux ? Oh ! la bonne idée !

AIR: *Lon la landerirette.*

Il est un jeu plein de grace
Où le son d'un instrument
Vous fait deviner la place
Que l'on cherche en tâtonnant:
Aux flons flons, au turlurette:
On conçoit qu'il faut chercher....
Mais le lon la landerirette
Annonce qu'on y va toucher....

C'est un de nos petits jeux de société. Voyons... (*Il lui fait signe de jouer pour qu'il puisse chercher au son de l'instrument ce qu'il doit faire.*)

Même Air.

Je crois qu'elle me devine;

Et

Et sa vielle sous ses doigts,
Pour m'instruire, à la sourdine,
Saura remplacer sa voix....

Essayons. (*Il essaye d'attacher sa lettre au cordon. La vielle joue très-fort.*)

Aux flons flons, au turlurette,
Je vois que je n'y suis pas.

Retournons d'où je viens. (*La vielle joue très-doucement.*) Ciel !

Son lon la landerirette
Me dit de porter là mes pas.

(*Il s'approche de la rampe. La vielle joue tour-à-tour fort et doucement.*)

Doucement et fort à-la-fois, autre embarras !

Même Air.

Comment débrouiller l'affaire
Dans ce que fille à ce jeu
Voudrait bien vous faire faire !
Peut-on voir plus que du feu
Quand son flon flon turlurette,
Dit d'agir d'autre façon,
Et que son lan landerirette
Vous conseille de tenir bon ?

Elle attache la corde.... Pourquoi ? Bah quand on s'aime bien on fait tous deux de même.

(*Il attache la corde à la rampe : elle se trouve*

tendue horisontalement. Une ardoise retenue par une faveur, glissé tout-à-coup le long jusqu'en-bas, et se retourne.)

AIR: *File, file.*

Quelle surprise ! courage !
Le long de ce conducteur
Descend un petit message
Que soutient une faveur.
Par la route qu'il enfile
Doux message file, file.
Ainsi, malgré les jaloux,
Petit dieu qui file, file
Fait filer les billets doux.

AIR: *Des olivettes.*

Et lon la descendez sans bruit
Mon petit messager fidèle,
Et montrez qu'avec de l'esprit
On sait filer à petit bruit.

(*L'ardoise arrive.*)

Je vous tiens.

AIR: *Sur un sopha.*

Sous cette ardoise on pourra lire !
Que de finesse, de raison !
Par prudence elle a su m'écrire
Sous le couvert de sa maison. (*bis.*)

Renvoyons la lettre par la même route....
Un moment...... (*Il cueille une rose.*)

TOUT SEUL.

Même Air.

Attachons-y rose naissante,
Mon envoi sera plus joli,
Mon enveloppe plus piquante,
Et le style bien plus fleuri.

(*Blanche retire à elle la faveur, et fait remonter la lettre.*)

AIR : *Des olivettes.*

Et lon la mon petit poulet
Qu'amour te cache de son aile ;
Car ce fut toujours le secret
Qui doubla l'esprit d'un billet.

AIR : *File, file.*

Sur la corde il s'achemine,
Et le long du conducteur
L'amour guide à la sourdine
Et le message et la fleur.
Par la route qu'il enfile,
En montant il file, file ;
Ainsi malgré les jaloux.
Petit dieu qui file, file
Fait filer les billets doux !

Il arrive : lisons.... (*Il prend l'ardoise.*)
C'est écrit à la pointe.

» J'ignore ce qui s'est passé entre Gilles et mon père ; mais je crois que l'on me donne à Gilles, car on vient de mander le notaire.... Vous ne pouvez probablement pas sortir, puisque vous ne venez pas.... Mais en attendant l'arrivée de M. Grappin, Gilles vous porte le pâté.... » Ah ! il m'apporte le pâté ! » qui vous facilitera le moyen de vous échapper; ouvrez-le avec précaution si-tôt que Gilles sera parti.... Accourez vite, et je me prononcerai.... »

L'on vient : c'est Gilles. (*Il court à la porte, et prend le pâté.*)

Vous êtes pressé, moi aussi.... Donnez... Bon soir. (*Il ferme, et descend.*)

Quel parfum !

AIR : *Des fraises.*

Ah ! sur tout autre pâté,
D'honneur ce pâté brille ;
Comment l'a-t-on apprêté ?

(*Il le pose par terre, et l'ouvre.*)

Mais ce n'est pas là du macaroni.

(*Il tire une corde à nœuds.*)

Eh quoi, c'est donc un pâté
D'anguille. (*ter.*)

Une échelle de corde pour escalader !...

Bravo. (*On entend fermer des verroux dans la maison.*) Quel bruit !... C'est Gilles qu'on enferme. (*Il court à la porte.*) Fermez fort.

(*Il monte à l'échelle, jette la corde par-dessus le mur, et prêt à descendre, s'arrête.*)

Ah ! les voilà tous, papa Cassandre....

TOUT SEUL. 27

Blanche vous a tout conté; je ne suis pas parti. Midi sonne.... Maître Grapin qui a fait le marché sera témoin que j'ai gagné. Vous consentez beau-père; je descends,.... que j'attende une autre échelle : eh bien j'attends.

Le repas de noce est pour midi, n'est-ce pas?... Oui.... Pendant que vous apporterez l'échelle je vais préparer le petit vaudeville pour chanter à table.... Ma bonne amie, d'abord ton petit couplet. (*Il s'accompagne, et s'assied sur le mur.*)

AIR de PLANTADE.

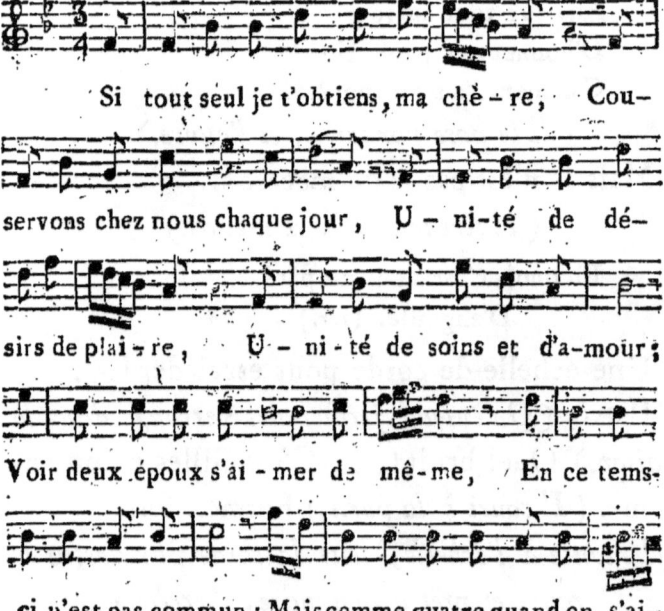

Si tout seul je t'obtiens, ma chè-re, Couservons chez nous chaque jour, U-ni-té de désirs de plai-re, U-ni-té de soins et d'a-mour; Voir deux époux s'ai-mer de mê-me, En ce temsci n'est pas commun ; Mais comme quatre quand on s'ai-

me, Trois sont heureux, deux n'en font qu'un ; Mais com-me quatre, quand on s'ai-me ; Trois sont heu-reux, deux n'en font qu'un.

Maintenant le couplet moral. (*Il se met à cheval sur le mur.*)

> Seul, on s'isole, on se sépare,
> On compte ses voisins pour rien.
> Aussi l'ensemble est chose rare;
> Sur-tout en scène, on le sait bien.
> Ah! quels plaisirs seraient les nôtres,
> Si par tous les talens de l'un,
> L'esprit et le zèle des autres,
> Pour bien faire.... ne faisaient qu'un.

(*On voit passer la seconde échelle.*)

Ah! vous voilà, M. Cassandre; posez l'échelle là : bien; tenez le pied. (*Il descend, et s'arrête.*) Un moment, attendez le petit couplet à la société.

> Ne croyez pas qu'un solitaire
> Trouve un trop grand monde importun;
> Il n'en coûte pas plus pour faire

Des frais pour mille que pour un ;
D'ailleurs vous pouvez, ce me semble,
Si, tout seul, j'ai paru plus d'un,
Par indulgence tous ensemble,
En ma faveur, ne faire qu'un.

(Il disparaît entièrement.)

F I N.

―――――――――――――
De l'Imprimerie rue des Droits-de-l'Homme, N°. 44.

www.ingramcontent.com/pod-product-compliance
Lightning Source LLC
Chambersburg PA
CBHW070710050426
42451CB00008B/580